María Montessori y la repercusión de su método en la Educación Infantil

© 2009 by LULU
www.lulu.com

Edición: diciembre 2009
ISBN 978-1-4452-4577-5

INDICE

- Contexto histórico.

- Biografía.

- Movimiento pedagógico al que pertenece.

- Método y su aplicación práctica.

- Proyección en el tiempo del Método Montessori.

- Conclusión

- Bibliografía.

CONTEXTO HISTÓRICO

La vida de Maria Montessori (1870-1952) discurrió en una época de gran agitación social, de conflictos, en la que se produjeron grandes acontecimientos, grandes transformaciones sociales: sufrió la Primera Guerra Mundial, el período de prevalencia del fascismo en Italia, su país, y la Segunda Guerra Mundial, el auge del nacionalsocialismo alemán (nazismo). A continuación comentaremos estos acontecimientos.

Primera Guerra Mundial

Fue un conflicto militar que se desarrolló entre los años 1914 y 1918 y que alcanzó dimensiones internacionales a causa de las alianzas entre los diferentes países que intervinieron.

Las causas de este conflicto se basan en las tendencias imperialistas de las grandes potencias: Reino Unido, Francia, Alemania y Rusia, tanto en las colonias de ultramar como en Europa; el ansia económica, de mercados y materias primas industriales, rivalidades políticas entre los estados europeos (la construcción de la flota alemana, hecho que al Reino Unido le hacia sentirse amenazado) y el deseo de desquite de Francia por su derrota en la guerra franco prusiana.

Además de todo esto, el nacionalismo y las revueltas en Europa Central, las presiones de Rusia y el clamor popular, que anhelaba el estallido de la contienda, encaminaba al mundo hacia una guerra que cada vez parecía más difícil de evitar.

El motivo directo que desencadenó el estallido del conflicto fue el asesinato del archiduque austriaco Francisco Fernando, heredero del trono austriaco y de su esposa, en Sarajevo, el 28 de junio de 1914, llevado a cabo por nacionalistas serbios.

Los reveses sufridos por Alemania durante el verano de 1918 llevaron al nuevo canciller del Reich y al gobierno austriaco a solicitar una paz basada en los 14 puntos del presidente estadounidense Wilson.

Se iniciaron las conversaciones que llevaron a la firma de varios tratados, como el de Versalles, que significaron la paz.

Las consecuencias de la guerra fueron las siguientes:

Para Alemania, el descenso de población, la destrucción de su industria, el agotamiento de sus recursos, la perdida de ciertos territorios como Alsacia y Lorena, el fin del segundo Reich (Imperio) y la proclamación de la Republica de Weimar.

Los imperios ruso, austrohúngaro y turco perdieron sus dinastías y se formaron nuevos estados en el este de Europa y los Balcanes (Polonia, Hungría, Checoslovaquia, Letonia, etc).

Los beneficiarios fueron Francia, Reino Unido e Italia que vieron aumentar sus posesiones. Se estableció también un nuevo orden político, vigente hasta 1939.

El fascismo italiano

El fascismo fue un movimiento político fundado por Benito Mussolini el 23 de mayo de 1919, formado en un principio por unidades de combate (fasci di combattimento) y constituido como partido en 1921.

Terminada la Primera Guerra Mundial, Benito Mussolini, que había sido expulsado del PSI por haber apoyado el ingreso de Italia en la guerra, volcó todo su esfuerzo impulsado por los pobres resultados de la guerra, pues Italia estaba económicamente devastada. Irradió una mezcla de nacionalismo con pragmatismo, exhortando al movimiento sindical a la colaboración con los nacionalistas y los trabajadores, para impulsar "los grandes intereses de la nación".

En enero de 1921, Benito Mussolini funda el partido fascista.

Después de multitud de crisis de gobierno y tras una multitudinaria marcha sobre Roma, el rey Víctor Manuel III fue obligado a entregarle el gobierno a Mussolini. Posteriormente, una reforma electoral le otorgó la mayoría al Partido Fascista, maniobra denunciada por el dirigente socialista Matteotti (asesinado en 1924 por partidarios de Mussolini). La nueva Constitución implantó la censura de prensa, y en 1929 se firmó el Pacto de Letran con el Vaticano, mediante el cual se restablecía el poder temporal de los papas. Con esta maniobra el gobierno fascista se gano el apoyo de los católicos.

La política internacional de Mussolini se dirigió casi exclusivamente a enfervorizar al pueblo mediante la conquista de colonias. En 1936 Italia invadió Etiopía y un año después se constituía el Imperio Italiano de África Oriental. Mientras se desarrollaba la Guerra Civil española se estrecharon los lazos con Alemania, conformando el eje Roma-Berlín y Mussolini enviaba aviones a defender la causa franquista. En abril de 1939 las tropas italianas tomaron Albania.

Durante la Segunda Guerra Mundial, Italia declaró la guerra a Gran Bretaña y a Francia, y con la derrota del eje perdió sus colonias. En 1943 los aliados derrotaron las tropas de Hitler, el rey mandó detener a Mussolini y traspasó el poder a su hijo Humberto II, poniendo al mariscal Badoglio como jefe del gobierno. Simultáneamente ordenaba a las tropas italianas combatir a los alemanes.

Nazismo

Paralelamente al movimiento fascista italiano, surge en Alemania el movimiento nacionalsocialista, la ideología del Partido Obrero Nacional Socialista alemán, que dirigió la política alemana entre 1933 y 1945. Se caracterizó por la exaltación del nacionalismo y del racismo, el culto a la violencia y a la guerra y el odio al marxismo y al liberalismo. Su máximo ideólogo fue Adolf Hitler, que hacía responsables a los judíos de la crisis de Alemania.

Por este motivo la construcción de la nueva Alemania debía basarse exclusivamente en la raza aria, lo cual exigiría apartar a los "no arios" de las funciones públicas, prohibir los matrimonios mixtos y esterilizar a las "razas inferiores" y a los tarados. Así el Reich, al mando de un solo jefe (Führer) a quien los alemanes deberían prestar juramento de fidelidad, podría sobreponerse a los dictados de Versalles.

Los aspectos sociales del nacionalsocialismo ideados para atraer a la pequeña burguesía y parte del proletariado fueron olvidados cuando Hitler recibió el apoyo de los grandes capitales. Del programa solo quedó el ataque al marxismo y al parlamentarismo junto a la implantación de una economía dirigida por el estado.

La derrota de Alemania en la Segunda Guerra Mundial puso en evidencia todos los crímenes cometidos y planteó el problema de la desnazificación del país. A partir de 1945 con la implantación de una democracia parlamentaria se acabó con el problema nazi.

Segunda Guerra Mundial

Fue un conflicto bélico que se desarrolló entre 1939 y 1945 que alcanzó dimensiones mundiales.

Enfrentó a las potencias del eje con las potencias aliadas. Su causa inmediata fue la política belicista e imperialista de Adolf Hitler, que en 1939 ocupó gran parte del territorio checoslovaco.

La gran ofensiva aliada culminó con la rendición de Alemania y la firma de la paz (8 de mayo de1945). El nuevo orden europeo quedó establecido por los tratados de paz de París.

BIOGRAFÍA

Nació en 1870 en Chiaravelle, Italia.

Estudió medicina en la Universidad de Roma, graduándose en 1896; pero no fue la primera mujer en lograrlo, aunque a ella le hubiese gustado ocupar ese puesto y en todas las biografías así lo han repetido hasta que en 1999 se refutó el mito.

Poco tiempo después, la eligen para representar a Italia en dos conferencias distintas: una en Berlín (1896) y la otra en Londres (1900), ambas abordaban el tema de la mujer. Ejerciendo su profesión, conoce por primera vez las obras de Seguin sobre pedagogía. En su práctica médica, sus observaciones clínicas la condujeron a analizar cómo los niños aprenden, y ella concluye que lo construyen a partir de lo que existe en el ambiente.

En sus primeras ideas influyeron sobre todo tres científicos del momento: Lembroso, De Giovanni y Seguin.

Comenzó dedicándose al estudio y tratamiento de niños anormales como asistente en la Clínica Psiquiátrica de Roma.

De vuelta en Italia dirigió durante dos años la Escuela Normal Ortofrénica, donde sus logros con niños deficientes mentales le convencieron de que métodos semejantes aplicados a niños normales desarrollarían mejor la personalidad de aquellos niños. Para conocer mejor la psicología experimental se matriculó en la

Universidad de Filosofía de Roma donde más tarde daría clases de Antropología en las que planteaba ya sus creencias pedagógicas.

En 1906 recibió el encargo de organizar escuelas en el barrio de "San Lorenzo" y el 6 de Enero de 1907 inauguró su primera "Casa de Bambini" (Casa de los niños), una casa hogar para niños que no alcanzan la edad escolar y donde las madres obreras podían dejar a sus hijos; en estas escuelas comienza a poner en práctica su método.

En 1909 dicta el primer curso de formación profesional en la "*Citta di Castella*". En 1911 deja la consulta médica y se dedica al trabajo pedagógico. En 1913 es la primera vez que visita Estados Unidos, allí da conferencias sobre su trabajo con los niños. Maria Montessori en 1913 visita a los Estados Unidos, el mismo año en que Alexander Graham Bell y su esposa

Mabel inauguran la Asociación Educativa Montessori en su hogar de Washington, DC.

En 1915, atrapa la atención del mundo con su trabajo del aula, llamado "*la casa de cristal*" en el Panama-Pacific International Exhibition (San Francisco). En esta segunda visita a los Estados Unidos, también condujo cursos de aprendizajes a los profesores y dirigió las convenciones anuales de la Asociación Nacional Educativa "*Kindergarten Union*". El comité que la trajo a San Francisco incluyó Margaret Wilson, la hija del Presidente Woodrow Wilson.

En 1915 se crea la escuela Montessori de la Diputación de Barcelona y en 1916 tiene lugar, en la misma ciudad, el tercer Curso Internacional Montessori, dirigido personalmente por ella.

Durante la primera Guerra Mundial viajó con frecuencia a Estados Unidos donde fundó un centro de formación de maestros y también viajó a España donde se aplicaron sus principios a la educación religiosa.

En 1922 fue nombrada Inspectora de las Escuelas en Italia. Por acusar públicamente el régimen de Benito Mussollini fue expulsada de Italia en 1933, estableciéndose posteriormente en Barcelona.

Viaja a Barcelona, España, y es rescatada por un crucero británico en 1936, durante la Guerra Civil Española. Montessori inaugura el "*Training Centre en Laren*" (Países Bajos, en 1938) e impartió una serie de cursos de aprendizajes a los profesores en la India (1939).

En 1947 fundó el "Centro Montessori" en Londres y en 1949, 1950 y 1951 estuvo nominada al premio Nobel.

En 1951 se retira de su vida como conferencista. Luego de 14 años de exilio, regresó a Italia para reorganizar las escuelas e ingresar como docente a la Universidad de Roma. Montessori había comenzado su tarea en una de las comunidades más pobres de Roma; su propósito era mejorar la sociedad, partiendo del estrato más bajo del pueblo. Con el método Montessoriano los niños aprenden a leer, escribir, contar y sumar antes de completar los 6 años de edad. Su sistema, junto con el material pedagógico, tiene un gran valor y cualidades didácticas, pero la eficacia de este material radica en el principio construido con base en el estudio y la comprensión de la actividad intelectual y el desenvolvimiento moral del infante.

María Montessori falleció en 1952, en Noordwijk, Holanda, tras aportar al mundo de la pedagogía un nuevo método y el material didáctico que hoy es de gran ayuda en el período de formación preescolar.

MOVIMIENTO PEDAGÓGICO

La Escuela Nueva no puede verse como un acontecimiento surgido espontánea y esporádicamente, sino como resultado de la manifestación final de una tradición europea de reforma pedagógica iniciada en el S.XVI, que concebía la educación como una interacción entre naturaleza y entorno.

Es un movimiento pedagógico que se inicia a finales del S.XIX y se consolida en el S.XX. Movimiento muy diverso que acoge a pensadores, pedagogos y psicólogos que provienen de tendencias muy diversas pero que tienen en común:

Creer que el niño es un ser capaz, lleno de posibilidades.

Buscar nuevas estrategias de organización escolar y didáctica.

Investigar constantemente para llegar a un conocimiento más profundo de los niños y descubrir nuevas técnicas de intervención educativa.

Al movimiento de la escuela nueva se le ha llamado también Escuela Activa, por su oposición a la escuela tradicional en las que los niños pasaban la jornada sentados y casi exclusivamente escuchando al maestro/a.

El movimiento se sustenta en tres claras orientaciones:

❊ La filosofía, con Adolfo Ferriere.

❊ De investigación, con Piaget representante de la escuela de Ginebra.

❊ Didáctica, con los representantes más importantes; Carolina Agazzi, Maria Montessori y Ovidio Decroly. Esta última orientación es donde el movimiento de la escuela nueva aportó más novedades estando todavía vigentes muchos métodos y modelos didácticos.

Los principios que fundamentan este movimiento continúan teniendo relevancia para la acción pedagógica con los niños y pueden resumirse en los siguientes:

a) INDIVIDUALIZACIÓN: individualidad de cada uno de los sujetos. Un alumno no es igual a otro porque sus capacidades, intereses y situaciones son diferentes. No se puede montar un sistema que sirva para todos, sino adaptar una educación flexible que se acomode a cada uno de los educandos de acuerdo a su personalidad.

b) SOCIALIZACIÓN: tener en cuenta la atención a las necesidades de los niños, la atención a las formas de agrupación, la necesidad de búsqueda constante de nuevas técnicas grupales, la atención al desarrollo de aptitudes de colaboración, cooperación y trabajo en equipo.

a) GLOBALIZACIÓN DE CONTENIDOS: la escuela nueva proclama que se estudien unidades temáticas consonantes con los intereses infantiles (centros de interés). La globalización tiene su fundamento en la teoría psicológica de la "gestalt" que intenta dar una visión global de los fenómenos psíquicos. El niño percibe el mundo que le rodea en su totalidad, como un todo, y no como un conjunto de partes; no se puede hacer de la enseñanza un sinfín de aparatos porque el niño encontrará dificultad en relacionarlos y formar un todo.

❄ ACTIVIDAD Y AUTOEDUCACIÓN: tener en cuenta el valor de la actividad espontánea, de la actividad manual, simbólica, creativa y constructiva, valorando las producciones infantiles y situando al alumno en una postura activa frente el aprendizaje.

❄ INTERÉS: a cada edad corresponden unos interés determinados, y en ellos ha de basarse la educación, ésta no solo ha de centrarse en aquello que por principio sea interesante para el niño; si no que el profesor debe suscitar interés por aquello que se considera necesario pero que, por ahora, no suscita motivación en el alumno (por ejemplo la lectura, ortografía, cálculo, etc.).

❉ **COLABORACIÓN ESCUELA-FAMILIA:** la educación no es patrimonio exclusivo de la escuela, y de la misma forma que se le da importancia al ambiente social, se cree imprescindible la colaboración de los padres en busca de la misma educación en el hogar, en la calle y en la escuela.

MÉTODO MONTESSORI

María Montessori no estaba de acuerdo con las técnicas rígidas y frecuentemente crueles que se utilizaban en Europa. Basó sus ideas en el respeto hacia el niño y en su capacidad de aprender; partía de no moldear a los niños como reproducciones de los padres y profesores, imperfectos, sino que fueran por lo menos "un poco más acertados".

La doctora Montessori fue una gran visionaria, con una postura tanto científica como humanista del desarrollo del niño y de su educación. Surgen conceptos como "embrión espiritual", "períodos sensibles", "mente absorbente", "normalización", que se sustentan en la paciente y sensible observación de niños en situaciones familiares cotidianas, y en ambientes preparados con materiales que responden a las necesidades de los niños.

El método Montessori es uno de los primeros métodos activos en cuanto a su creación y su aplicación y está basado en observaciones científicas relacionadas con la capacidad de los niños para absorber conocimientos de su alrededor, así como el interés que éstos mostraban por materiales que pudieran manipular.

Montessori parte esencialmente de la psicología positivista y asociacionista, basándose su método en la actividad sensorial, las impresiones y en la educación en la autoactividad; para llevar a cabo su objetivo se nutre de un rico material didáctico.

Según esta doctora italiana educar es favorecer el desarrollo, con lo cual la libertad pasa a tener un papel primordial. Hay que dejar a los niños que actúen por su cuenta y hay que dejarlos que lo hagan en libertad (para que fueran libres, en "las casas de los niños" se les enseñaba a andar , correr, subir y bajar escaleras, a vestirse y desnudarse, a expresar bien las propias necesidades,...se les enseñaba a ser autónomos).

Montessori considera la infancia, al igual que todos los educadores de la Escuela Nueva, como algo sustantivo con necesidades e intereses específicos; la infancia es una fase de nuestra existencia que debe vivirse plenamente, pues el desarrollo depende de la posibilidad de alcanzar las condiciones de vida necesarias en cada momento determinado de la evolución. Su filosofía es, por tanto vitalista, con lo cual la vida infantil no es una abstracción.

El método Montessori se aplica sobre todo a la edad preescolar, aunque se ha extendido también a la segunda infancia.

Se fundamenta en los siguientes principios:

1º Conocimiento profundo y científico del niño.

2º Ambiente libre de obstáculos y dotado de materiales adecuados para que el niño pueda desarrollar sus capacidades (creación de un ambiente apropiado para cultivar la atención, la voluntad, la inteligencia, la imaginación creativa, sin olvidar la educación moral).

3º Autoeducación: piensa que el niño es un ser particularmente dotado de maravillosas energías latentes que tienden al autodesarrollo.

4º El educador debe enseñar poco, observar mucho y orientar las actividades psíquicas de los niños y su crecimiento psicológico. El objetivo es establecer la actividad espontánea del niño. El educador debe limitarse a guiar, proveer y a vigilar.

5º Individualidad: piensa que cada niño es único en cuanto a su capacidad cogniscitiva, sus intereses y ritmo de trabajo.

6º Actividad: tiene la convicción de que la educación sólo se logra por la actividad propia del sujeto que se educa, apela a una mayor libertad para dar satisfacción a los estímulos propios del alumnado. Con lo que la actividad tiene un papel esencial, y debe disciplinarse para el trabajo.

Estos principios se concretan a la hora de su aplicación en:

1. Programación práctica y precisa del trabajo.

2. Educación de los sentidos y el lenguaje mediante la actividad y el trabajo.

3. Libertad y espontaneidad.

4. Ambiente estructurado.

5. Atención a los períodos sensibles del desarrollo de los niños

6. Ritmo, equilibrio y orden.

7. Trabajo sobre la vida cotidiana.

En sus libros, ella menciona haber descubierto a un nuevo niño, un niño que aprende con alegría, que ama el trabajo y que puede concentrarse en él por períodos prolongados, que disfruta del sonido armónico y del silencio, que sabe elegir lo mejor para sí mismo y que colabora con el orden del ambiente. Es un niño cuyas energías de desarrollo se han encauzado con suavidad por la vía de la evolución, y que disfruta de una armonía interna. Sin embargo, muchos adultos identifican al niño como a un ser ruidoso, que destruye todo lo que toca y del cual hay que defender nuestras más preciadas pertenencias, que no es capaz de usar objetos delicados y bellos, y lo ven como un ser desordenado y caprichoso.

Para María Montessori, estos niños han desviado sus energías de desarrollo debido a que la mayoría de los adultos se las reprimen, demostrando desconfianza a la presencia en el niño de una guía interna. Pretenden que el niño comprenda el mundo, la sociedad y sus valores desde que empiezan a moverse y desplazarse, dando prioridad a un muro perfectamente limpio o a un jarrón, en vez de su desarrollo. Todos cometemos errores en nuestros procesos de aprendizaje y aprendemos de ellos, si nos dan la oportunidad y si confían en nosotros.

La normalización se relaciona con la satisfacción de nuestras necesidades de crecimiento, lo que se traduce en progreso, gastando un mínimo de energías en tratar de vencer obstáculos y de sanar desviaciones pasadas. Las energías de desarrollo encuentran satisfacción en la acción ordenada, en el trabajo concentrado y en la realización de nuestra voluntad.

El desarrollo de la voluntad es otro de los grandes logros de este enfoque educacional. Se comienza ya con el lactante, al que se le ofrece el pecho en lugar de embutírselo, y a quien se le comunica verbalmente las acciones que se harán con él, por ejemplo, mudarlo o limpiarle la nariz, en vez de manipular su cuerpo sin previo aviso. El niño paulatinamente empieza a comprender y a participar en los hechos que suceden. Puede comenzar a elegir entre dos o tres opciones: la ropa con que lo vestirán, la fruta que comerá o el juguete que se le entregará.

La libre elección viene a ser como una ejercitación diaria destinada al desarrollo de la voluntad. No es una libertad total de elección, es una elección entre posibles opciones que el adulto valora como adecuadas y beneficiosas para el niño. Junto con esta libre elección, empiezan a presentarse límites, los cuales se verbalizan claramente de modo que el niño conozca nuestras expectativas y comprenda que hay un orden en el ambiente. Por ejemplo, el niño estará autorizado a gritar si así lo desea; pero, para hacerlo, debe salir al espacio exterior donde no moleste a otros. Se le explica que los demás tienen derecho a un ambiente tranquilo.

El niño está en un ambiente de libertad donde tiene que respetar a cada persona y cuidar los objetos que allí se encuentran.

En los jardines infantiles y colegios Montessori hay salas de clases llenas de repisas con objetos y materiales que cada niño puede elegir. Existe sólo un objeto de cada uno, pero hay una gran variedad de ellos. El niño aprende que si el material que él quiere usar está ocupado por otro, debe esperar hasta que esté disponible o, si no, pedir al otro niño que lo comparta con él. Esto se transforma en una experiencia social. El niño debe aceptar la posible negativa del otro, o bien irá desarrollando su paciencia en una experiencia muy concreta.

Estos pequeños detalles lo van preparando para convivir sanamente en nuestra sociedad, donde muchas veces debemos esperar, hacer colas, o buscar otras formas más creativas para lograr nuestros objetivos.

El ambiente preparado, o sala de clases, está dividido en áreas como matemáticas, lenguaje, ciencias, geometría, arte, vida práctica, u otras áreas dependiendo de la edad de los niños. Cada uno elige el área donde trabajará y el material que ocupará, y si lo hará solo o en compañía de otros niños. Cada uno estará ocupado en algo diferente, pero cada ocupación responde a objetivos presentes en los programas nacionales de educación, cumpliéndose así con las exigencias del Ministerio correspondiente.

Los niños se agrupan en rangos que abarcan tres años: de 3 a 6 – 6 a 9 – 9 a 12 – 12 a 15 – y 15 a 18 años de edad, permaneciendo así tres años en la misma sala, ojalá con el mismo profesor.

De esta forma no hay un "nivel" del grupo, cada cual tiene su propio nivel y su propio ritmo, adaptándose perfectamente bien los niños más lentos o los más rápidos. Se crea un ambiente lleno de actividad, de alegría y de compañerismo. Los niños menores admiran a los mayores y éstos ayudan a los menores en su proceso de descubrir y comprender nuestra cultura, aprendiendo desde pequeños a investigar y a amar el aprendizaje. No existe competencia por ser el mejor del grupo, ya que cada cual se esfuerza de acuerdo a sus propias posibilidades. Existen desafíos por superar, metas por lograr y tiempo para conversar, descansar y crear.

Habitualmente se usa el término "trabajo" para denominar la actividad del niño como una forma de llamar la atención del adulto a su importancia. Por lo general, no respetamos tanto el juego como lo hacemos con el trabajo, y pensamos que no hacemos ningún daño al interrumpirlo. Sin embargo, el niño a través de su actividad (juego o trabajo) está construyendo su psiquis y desenvolviendo todo el potencial que trae. María Montessori dice: "el niño es el constructor del hombre, y no existe ningún hombre que no se haya formado a partir del niño que fue una vez."

En un ambiente Montessori cada persona es respetada, formándose desde pequeños una auto-estima positiva y un profundo sentido de dignidad personal. Se conversa de persona a persona, escuchando las dudas y opiniones y respondiendo en forma discreta y veraz.

Cada persona, cada niño, cada ser vivo, es considerado como alguien importante en el equilibrio de nuestro cosmos.

Los establecimientos que aplican este enfoque educacional están abiertos a recibir a las personas que deseen observar a un grupo de niños en acción. Existe en cada sala sillas de observación y se invita especialmente a los padres de los niños a observar, de modo que se integren en el proceso de desarrollo de sus hijos.

El observar atenta y sensiblemente la conducta del niño son claves fundamentales de este método.

Papel del profesor en el método Montessori:

El profesor debe ser pasivo y observar desde una cierta distancia, para dejar que el niño actúe. Debe limitar en lo posible su intervención, sin permitir que el niño se fatigue por un excesivo esfuerzo de autoeducación. Cuando se está realizando el aprendizaje no debe insistir repitiendo la lección, ni hacer entender al niño que se ha equivocado, porque así alteraría el estado natural, esencial para la observación.

Las lecciones deben ser individuales, las órdenes que el profesor dará deben ser breves, simples y objetivas. La lección breve y sencilla debe basarse en la explicación del objeto y el uso que el niño debe hacer de él, no debe excederse en las explicaciones y utilizará un lenguaje claro.

Críticas al método Montessori:

A Montessori se la criticado su material por no utilizar objetos concretos del mundo real, por el exceso de metodismo, la complicación de los instrumentos y los procedimientos preadaptados. En otro orden de cosas, se discute el individualismo de su sistema y una cierta simplificación de la actividad intelectual, aunque suscite entre los alumnos un marcado interés hacia ciertas manipulaciones. Su método presupone la libre elección de las ocupaciones por parte del niño, esta independencia tiende hacia el aislamiento, a pesar de que el método propugna la cooperación para conseguir la socialización.

Estas críticas han sido valoradas dentro del propio movimiento ya que una de sus principales características ha sido su capacidad de adaptación.

APLICACIÓN PRÁCTICA DEL MÉTODO MONTESSORI

Los elementos del método de Montessori se centran en cuatro puntos: los ejercicios de la vida práctica, la educación sensorial, la aplicación de los tres tiempos y el material educativo propio de Montessori.

<u>Los ejercicios de la vida práctica:</u>

Ocupan un lugar importante en el método, especialmente en la educación de los más pequeños. Consiste en dos tipos de ejercicios; los ejercicios sobre el cuidado personal, donde se incluirían actividades como vestirse, desnudarse o lavarse; y los ejercicios de cuidado del medio ambiente, como barrer.

Educación sensorial:

Mediante la educación sensorial los niños pequeños perciben la realidad en toda su riqueza y variedad a través de los sentidos. En el método Montessori la educación sensorial se basa en el supuesto de que cuando se expone a un niño a estímulos interesantes, cuidadosamente programados, logra una mayor profundidad en la observación, discriminación y en la toma de decisiones.

La aplicación en tres tiempos:

Es una técnica empleada para enseñar nuevas palabras y consolidar el vocabulario que ya poseen y su empleo correcto en la expresión oral.

En el primer tiempo se realiza la asociación entre una cualidad y el nombre de un objeto, por ejemplo tomando un limón le diremos que el limón es ácido, tomando un caramelo le diremos que es dulce... Después se establece una pausa y despacio se le repite, enseñándole los objetos, ácido, dulce,... se repite tantas veces como haga falta para que el niño pueda establecer la asociación entre cada objeto y su cualidad.

En el segundo tiempo se refuerza su aprendizaje, para asegurarse de que el niño ha adquirido el nuevo conocimiento es preciso constatar que asocia la cualidad al objeto. Le pediremos el objeto ácido y luego el dulce tantas veces como creamos necesario e inventaremos juegos que le diviertan y le estimulen para repetirlos con otros niños.

El tercer tiempo trata la memorización y el procesamiento, en el comprobaremos que el niño recuerda correctamente el nuevo conocimiento. Para ello cogeremos alternativamente el limón y el caramelo y le preguntaremos: *"¿Cómo es esto?"* asegurándonos de que pronuncia correctamente y de que no se equivoca.

El material educativo Montessoriano:

Constituye una ayuda para el desarrollo progresivo de la inteligencia del niño. Cada campo de estudio induce al niño a explorar en esa dirección con arreglo a su capacidad y limitaciones personales. En general todo el material es un estímulo para la actividad, creatividad y desarrollo de las distintas capacidades potenciales de los niños. El material utilizado por Montessori cubre todas las áreas en las que ella estudio las necesidades del niño, todo el es natural, atractivo, progresivo y con su propio control de error. Los niños estan introducidos en una inmensa variedad de materiales para dar bases sólidas a todas las habilidades e inteligencias humanas. Existen tres clases de materiales de los denominados para la vida práctica, el material para el cuidado personal, el material para el cuidado del medio ambiente y los materiales sensoriales.

Dentro del material para el cuidado personal, además del utilizado en la vida ordinaria como un grifo para lavarse las manos, el cepillo de dientes, etc., existen materiales para practicar ejercicios de coordinación manual y visual tales como bastidores para vestir, abrochar y desabrochar botones y hebillas, pasar cordones, subir y bajar cremalleras, hacer y deshacer lazos,...

El material para el cuidado del medio ambiente consta de toda una serie de ejercicios que enseñan al niño a amar el orden, refuerzan su autonomía y le proporcionan seguridad en el medio en que crecen. Pueden clasificarse en ejercicios generales, como limpiar el polvo, colgar la ropa con pinzas, cortar el pan, cuidar las plantas, poner la mesa, andar por una línea,...; ejercicios específicos, como cortar con tijeras, echar sólidos y líquidos en distintos recipientes, clasificar objetos según tamaño y forma, doblar ropa, coser y hacer punto o ejercicios del silencio entre otros; y ejercicios sobre relaciones sociales para que los niños adquieran las costumbres sociales y normas de convivencia comunes, como abrir y cerrar puertas, saludar, disculparse, agradecer, pedir permiso, etc.

Los materiales sensoriales tienen por finalidad desarrollar la inteligencia del niño a través de sensaciones y percepciones cada vez más claras. Entre estos materiales se encuentran cilindros para encajar, cajas de colores, de sonidos, bolsas misteriosas, números y fichas, material de lectura, listones de longitud, y otros muchos.

En los ambientes los materiales se encuentran distribuidos en diferentes áreas a las que los niños tienen libre acceso y en donde pueden elegir la actividad que quieren realizar. Estos materiales fueron elaborados científicamente y todos tienen un objeto de aprendizaje específico.

Los materiales permiten a los niños realizar gradualmente ejercicios con mayor dificultad, además son adecuados al tamaño de los niños, se mantienen siempre en perfecto orden y están diseñados con elementos naturales como madera, vidrio y metal.

En las "Casas de Bambini", hay movimiento y actividad en muchos sentidos; los muebles son móviles, los materiales didácticos están diseñados para ser manipulados y los niños tienen libertad para moverse ordenadamente y para elegir su trabajo, se valora la libertad de elección dentro de los límites de un aula estructurada, aprender por si mismo mediante experiencias ordenadas y centradas en el uso del material y el desarrollo de la confianza en sí mismo.

Los materiales Montessorianos, los ejercicios educativos y los juegos que con ellos se desarrollan son autocorrectivos, es decir, están diseñados y elaborados de tal manera que el niño pueda usarlos y comprobar su aprendizaje sin necesidad de la ayuda de la maestra o de otro adulto, además los materiales le proporcionan indicios suficientes para saber cuando ha cometido un error y poder corregirlo.

<u>Prácticas educativas realizadas en las "casas de los niños":</u>

En el aprendizaje de la lengua se realizaba una enseñanza prematura, con lo que los niños aprendían sin esfuerzo los signos gráficos representándolos con objetos. El profesor pronunciaba la palabra clara y cuidadosamente y el niño la repetía en voz alta pronunciando sus sonidos separadamente.

Para la lengua escrita, Montessori creó un alfabeto de madera, las vocales en color rosa y las consonantes en azul. También hizo grupos de letras que se parecían por sus formas. Los niños debían tocar las letras con el dedo índice y el corazón y después seguir las letras con un palito sostenido como si fuese un lápiz. (siguiendo el sentido de la escritura). También hicieron un alfabeto de papel de lija que los niños tenían que tocar, y con los ojos cerrados reconocer la letra que estaban tocando. Cuando el niño ya empezaba a escribir espontáneamente, el educador intervenía y guiaba el progreso de la escritura, cada vez que el niño titubeaba al escribir una letra, tocaba de nuevo las letras de papel de lija, y después volvía a escribirlas correctamente.

La educación de los sentidos que se llevaba a cabo en sus clases tenía por objeto perfeccionar la diferenciación de los distintos estímulos por medio de ejercicios repetidos, para lo cual es muy importante aislar el sentido que se trata de ejecutar (por ejemplo, la educación del oído se debe hacer en un ambiente de silencio y en la oscuridad) para atraer la atención del niño.

Gracias a la introducción de la naturaleza en la educación (por ejemplo, el cultivo de plantas, la cría de animales) se le permite al niño iniciarse en la observación de los fenómenos de la vida y iniciándose en la previsión (si sabe que para que una planta crezca hay que regarla, estará pendiente de hacerlo). Con estas actividades también aprenderá a esperar con paciencia.

Con los trabajos manuales los niños desarrollaban su imaginación, pues no se les mandaba hacer nada en concreto, lo que único que hacía la maestra era darles un trozo de arcilla y los niños la modelaban a su capricho, realizando cada niño algo diferente, con lo cual Montessori estudiaba la individualidad psíquica de cada niño.

PROYECCIÓN EN EL TIEMPO DE SU MÉTODO

Los principios fundamentales de la Pedagogía Montessori están basados en: la autonomía, la independencia, la iniciativa, la capacidad de elegir, el desarrollo de la voluntad y la autodisciplina.

Hoy hay cerca de cinco mil escuelas alrededor del mundo en México, Rusia, Taiwán, Japón, Corea, Australia, Nueva Zelanda, Alemania, Sudáfrica, Etiopía, Tanzania, Estados Unidos, China, Colombia, la India y muchos países más.

<u>Planteamientos educativos que siguen vigentes:</u>

3. Observación y orientación del profesor para que la naturaleza del

niño se desarrolle al máximo de su capacidad.

4. Situar al alumno en una postura activa frente al aprendizaje.
5. Individualización de cada uno de los alumnos, por la variedad de intereses y capacidades.
6. Globalización de contenidos.
7. Colaboración de la familia y en barrio con la escuela, porque entre todos forman el mundo del niño
8. Mobiliario escolar adecuado al tamaño de los niños.

Planteamientos que no siguen vigentes:
- Actitud pasiva del maestro (el niño desarrolla por sí mismo la actividad).
- Plena libertad del niño en el aula.
- Libertad de elección de las tareas a realizar.

CONCLUSIÓN

El método Montessori esta basado en observaciones científicas hechas por la ella misma relacionadas con la capacidad (casi sin esfuerzo) de los niños, para absorber conocimiento de sus alrededores, así como el interés que estos tenían por materiales que se pudieran manipular. Cada pedazo de equipo, cada ejercicio, cada método Montessori desarrollado, fue basado en lo que ella observó, que los niños hacían "*naturalmente*", es decir, por sí mismos, sin ayuda de los adultos.

A los niños se les enseña. Esta verdad simple pero profunda inspiró a Montessori a buscar la reforma educativa (metodología, psicología, enseñanza, y entrenamiento del profesor) basado todo, en su esmero por fomentar que uno mismo era quien construía el aprendizaje.

La doctora Montessori hizo sus primeros estudios y observaciones con niños de estratos sociales bajos, que además de ser llorones, asustadizos y tímidos, eran violentos, posesivos y destructivos. Paulatinamente comenzó a aplicar su método con estos pequeños y comprobó que al satisfacer sus necesidades emocionales, experimentaron una transformación tan extraordinaria que se llegó a hablar de niños "convertidos", por el drástico cambio que sufrió su comportamiento.

Los niños Montessorianos aprenden a trabajar tanto independientemente como en grupo. Son capaces de resolver de manera autónoma problemas que se le presentan, seleccionar alternativas, administrar su tiempo, ya quee les ha estimulado a tomar decisiones desde temprana edad. Intercambian ideas y conversan libremente con los demás niños y niñas sobre su trabajo y experiencias.

El método Montessori pone especial atención en los primeros años de la vida del niño, ya que es cuando emergen paulatinamente fenómenos asombrosos como la psique y el comportamiento humano. El niño comienza a independizarse, aprende a manipular objetos, andar, hablar y dirigir su propia voluntad. Todo lo mencionado es aprovechado por Montessori, para aplicar actividades autodirigidas y no-competitivas, que ayuden a los niños a desarrollar sus habilidades y a crear una imagen positiva de sí mismo, fuerte y confiada, para enfrentarse a los retos y cambios en su vida cotidiana, con optimismo.

No obstante, el énfasis en los primeros años de vida de los niños y niñas se ha ampliado a medida que se descubren nuevas aplicaciones de su método, a prácticamente toda la escolaridad, en muchos países del mundo.

BIBLIOGRAFÍA

1. MONTESSORI, M. (2003): *El método de la pedagogía científica.* Madrid, Ed. Biblioteca Nueva.
2. Montessori,M (1994): "Ideas generales sobre el método". Cepe, Barcelona.
3. TIANA FERRER, A.; OSSENBACH SAUTER, G; SANZ FERNANDEZ, F. (coord.) (2002): *Historia de la educación (Edad Contemporánea).* Madrid, UNED.
4. VV.AA. (2000): *Pedagogías del siglo XX.* Barcelona, CISS-Praxis.

Made in the USA
San Bernardino, CA
24 December 2015